KB264046

초등 첫 일기 필사

하루 한 장으로 시작하는

초등 첫 일기 필사 1권

초판 인쇄 2025년 12월 23일
초판 발행 2025년 12월 31일

지은이 서미화
발행인 조현수
펴낸곳 도서출판 더로드
기획 조영재
디자인 디자인봄 정의도
주소 경기도 파주시 광인사길 68. 201-4호
전화 031) 942-5364, 5366
팩스 031-942-5368
이메일 provence70@naver.com
등록번호 제2015-000135호
등록 2015년 6월 18일
ISBN 979-11-6338-502-8 (14370)
ISBN 979-11-6338-501-1 (세트)

읽기-생각-쓰기, 초등 글쓰기의
기초를 완성하는 일기 훈련 프로그램

하루 한 장으로 시작하는

초등 첫 일기
필사

서미화 지음

1

도서
출판 더 로드
The Road Books

"따라 쓰는 것부터 시작하는 우리 아이 첫 일기"

세 아이의 엄마가 되어 20년을 보내는 동안, 제게 육아는 오리고, 붙이고, 쓰는 긴 여정이었습니다. 첫째 아이가 어린이집에서 받아 온 작은 종이를 오리고, 둘째 아이가 자신만의 색으로 그림을 그리고, 막내가 그 위에 무언가를 덧붙이며 세상을 배워 가는 모습 속에서 하루하루 새로운 발견을 했습니다. 아이를 키우는 일은 매 순간이 다르고, 생각보다 쉽지 않습니다. 그리고 그 긴 여정의 한가운데서 저는 '일기쓰기'라는 아주 특별한 과제를 만나게 되었습니다.

처음에는 한 문장을 쓰는 것만으로도 충분했습니다. 오늘의 날씨, 먹은 음식, 놀았던 일, 친구와 나눈 소소한 이야기처럼 아주 작은 경험도 좋았습니다. "오늘은 햇빛이 반짝여서 기분이 좋았다." "유치원에서 친구랑 블록을 쌓으며 놀았다." 정말 소박한 한 줄이었습니다. 그런데, 그 한 줄을 아이 스스로 써 보는 일은 생각보다 쉽지 않았습니다.

어떤 날은 아이가 자리에 앉아 한참을 고민하다가 "엄마, 뭐라고 써야 할지 모르겠어."라고 말하곤 했습니다. 그럴 때면 아이 곁에 앉아 하루를 하나씩 되짚어 주거나, "오늘은 어떤 점이 재미있었니?" 하고 물어보았습니다. 그럼에도 한 문장을 완성하지 못한 채 연필을 내려놓는 날도 적지 않았습니다.

또 어떤 날은 아이가 말한 한마디를 제가 받아 적고, 아이가 그 문장을 다시 따라 써 보게 하기도 했습니다. 미완성된 일기로 하루를 마무리한 날도 많았고, "오늘은 그냥 그림만 그릴래." 하며 그림 한 장으로 일기를 대신한 날도 있었습니다. 매일 일기를 써야 한다는 부담은 아이에게도, 때로는 저에게도 꽤 큰 짐이었습니다. 아이들을 키우며 저는 '일기쓰기는 누구에게나 쉬운 일이 아니다'라는 사실을 몸소 깨닫게 되었습니다.

머릿속의 생각을 꺼내 문장으로 만드는 일에는 생각보다 많은 에너지가 필요합니다. 이제 막 글을 배우기 시작한 아이에게 그 일을 자연스럽게 해내길 바라는 것이 과연 옳은 일일까, 스스로에게 여러 번 질문하게 되었습니다.

그러다 보니 자연스럽게 또 하나의 질문이 떠올랐습니다. '아이들이 어떻게 하면 스스로 일기를 쓰게 될까?' 억지로 시키는 대신, "아, 일기란 이런 거구나." 하고 감을 잡으며 조금씩 자기 이야기를 써 내려가게 하려면 무엇이 필요할까 고민했습니다. 그 답은 생각보다 가까운 곳에 있었습니다. 바로 '따라 쓰기'였습니다.

글쓰기는 모방에서 시작됩니다. 누군가의 글을 따라 써 보고, 좋은 문장을 내 손으로 옮겨 적는 과정 속에서 글쓰기의 기초는 자연스럽게 다져집니다. 아이가 말을 배울 때도 처음에는 어른의 말을 따라 하며 언어의 규칙을 익히지요. 일기쓰기 역시 다르지 않았습니다. 일기를 잘 쓰는 친구의 글, 엄마가 써 준 짧은 일기, 동화책 속에서 마음에 드는 한 문장을 반복해서 읽고 베껴 쓰는 것만으로도 아이의 글쓰기는 한 뼘씩 자라납니다.

그래서 이 책에는 아이가 부담 없이 따라 쓸 수 있는 다양한 일기 예시를 담았습니다. 재미있는 한 문장에서 시작해, 점차 이야기를 이어 갈 수 있도록 단계적으로 구성했습니다. 하루에 한 문장, 혹은 두세 문장만 따라 써도 충분합니다. 오늘은 힘들다면 그림을 그리거나, 엄마 아빠가 불러 주는 문장을 적어 보는 것도 좋습니다. 중요한 것은 '매일 조금씩' 글쓰기의 경험을 쌓는 일입니다.

처음에는 단순히 따라 쓰기에서 출발하지만, 어느 순간 아이는 자신만의 문장을 만들어 내고 작은 이야기 한 편을 완성하는 기쁨을 맛보게 될 것입니다. 그리고 언젠가 "오늘은 이런 일이 있었어요." 하며 스스로 일기장을 펼치는 날이 찾아올 것입니다.

저 역시 세 아이를 키우며 이 과정을 지나왔습니다. 불안과 걱정, '내가 잘하고 있는 걸까?' 하는 의심이 들 때도 있었지만, 아이가 한 줄 한 줄 적어 내려가며 자라나는 모습을 보며 이 길이 맞다는 확신을 얻었습니다. 일기쓰기는 누군가를 위한 숙제가 아니라, 나를 표현하는 소중한 연습입니다. 하루를 돌아보고 마음을 글로 옮기며 스스로를 이해해 가는 과정이기도 합니다.

이제 우리 아이의 첫 일기쓰기가 시작됩니다. 부담 없이, 즐겁게 다양한 글을 따라 써 보며 '글'이라는 새로운 친구를 만나게 해 주세요. 한 문장이 두 문장이 되고, 두 문장이 세 문장이 되면서 아이는 자연스럽게 글쓰기의 세계에 발을 들여놓게 될 것입니다.

그리고 무엇보다 중요한 사실이 있습니다. 이 길에는 엄마, 아빠라는 선생님이 함께합니다. 아이는 혼자가 아닙니다. 곁에서 응원하고 함께 고민해 주는 어른이 있다면, 그 어떤 어려움도 이겨 낼 수 있습니다.

부디 이 책이 우리 아이들의 글쓰기에 작은 씨앗이 되기를 바랍니다. 오늘 한 줄을 따라 쓰는 것으로 시작해, 언젠가는 아이 스스로 글을 완성하며 성취감을 느끼는 그날까지, 저는 응원하겠습니다.

그리고 기억해 주세요. 완벽하지 않아도 괜찮습니다.
따라 쓰는 것부터 시작하는 우리 아이의 첫 일기, 지금 시작해보세요.

① 늦잠 잔 날

 **쓰기 위한 읽기**

제목 : 늦잠 잔 날

오늘 아침에 늦잠을 자서 허둥지둥 일어났다. 엄마가 "지금 몇 시야!"라고 소리쳐서 깜짝 놀랐다. 얼른 세수를 하고, 급하게 옷을 입었다. 아침밥은 두 숟가락만 먹고 가방을 챙겼다. 학교에 도착하니 종이 울리기 시작했다. 정말 아슬아슬했다. 내일은 알람 소리에 바로 일어나야겠다고 다짐했다.

1단계 [쓰기 위한 읽기]

아이가 일기와 처음 만나는 시간입니다. 하루의 한 장면을 담은 짧은 일기를 천천히 읽어 주세요. 특별한 사건이 아니라, 아이도 충분히 겪었을 법한 소소한 이야기이기 때문에 아이는 자연스럽게 자신의 하루를 떠올리게 될 것입니다. 이 과정을 통해 아이는 "이런 일도 일기가 되는구나" 하고 느끼게 됩니다.

이 단계에서는 설명을 덧붙일 필요가 없습니다. 어떻게 썼는지, 왜 이렇게 썼는지를 알려 주지 않아도 괜찮습니다. 아이는 글을 읽으며 문장의 분위기와 흐름을 그대로 받아들이게 됩니다. 일기를 분석하는 시간이 아니라, 글을 편안하게 만나는 시간입니다.

부모는 그저 읽어 주거나 함께 조용히 읽기만 해 주세요. 이 경험은 아이에게 일기가 어렵지 않은 글이라는 인상을 남깁니다. 이렇게 쌓인 첫 인상이 이후의 글쓰기 과정을 훨씬 부드럽게 만들어 줄 것입니다.

2단계 [쓰기 위한 생각]

아이가 글을 쓰기 전에 하루를 떠 올리는 시간입니다.

오늘 하루를 떠올리며 어떤 기분이었는지, 무엇이 가장 기억에 남는지를 질문으로 가볍게 꺼내 봅니다. 말로 떠올리기 어려워하면 기분 얼굴을 고르거나 짧은 말로 표현해도 충분합니다. 여기에 그림이 더해집니다. 오늘 있었던 한 장면을 자유롭게 그려 보며, 머릿속에 흩어져 있던 생각들을 조금씩 모아주세요.

그림을 잘 그릴 필요는 전혀 없습니다. 그림은 보여 주기 위한 결과물이 아니라, 생각을 꺼내기 위한 도구이기 때문입니다. 아이는 그림을 그리며 "이때 내가 늦게 일어났어", "이 장면이 제일 기억나" 하고 자신의 이야기를 자연스럽게 꺼낼 수 있습니다. 아이의 말 한마디 한마디가 글의 재료가 된다는 것을 기억해 주세요.

부모는 아이의 그림을 평가하지 않고, 바라봐 주세요. "이건 어떤 장면이야?", "이때 기분은 어땠어?"처럼 가벼운 질문이면 충분합니다. 2단계는 글을 잘 쓰기 위한 시간이 아니라, 쓸 말을 미리 꺼내 놓는 준비 시간입니다. 이 과정을 거친 아이는 다음 단계에서 훨씬 편안한 마음으로 글을 쓰게 됩니다.

제목 : 늦잠 잔 날

오늘 아침에 늦잠을 자서 허둥지둥 일어났다. 엄마가 "지금 몇 시야!"라고 소리쳐서 깜짝 놀랐다. 얼른 세수를 하고, 급하게 옷을 입었다. 아침밥은 두 숟가락만 먹고 가방을 챙겼다. 학교에 도착하니 종이 울리기 시작했다. 정말 아슬아슬했다. 내일은 알람 소리에 바로 일어나야겠다고 다짐했다.

3단계 [일기 따라 쓰기]

아이가 글의 모양과 흐름을 몸으로 익히는 시간입니다. 앞에서 읽었던 일기를 그대로 따라 쓰며, 일기가 어떻게 시작되고 어떤 순서로 이어지는지를 자연스럽게 경험합니다. 이때 문장을 배우려고 애쓰지 않아도 됩니다. 손으로 한 글자씩 써 내려가는 과정 자체가 글의 흐름을 익히는 연습이 됩니다.

따라 쓰는 과정에서 틀린 글자는 고치지 않아도 괜찮습니다. 중요한 것은 정확함이 아니라, 끝까지 써 보았다는 경험입니다. 아이는 따라 쓰기를 하며 '일기는 이렇게 흘러가는 글이구나' 하고 감각적으로 느끼게 될 것입니다.

빨리 쓰라고 재촉하지 않아도 되고, 잘 썼는지 평가할 필요도 없습니다. 손으로 문장을 따라 쓰는 이 시간은 아이에게 글쓰기를 부담이 아닌 익숙한 활동으로 만들어 줍니다. 이렇게 쌓인 경험이 다음 단계에서 자기 이야기를 쓰는 힘이 됩니다.

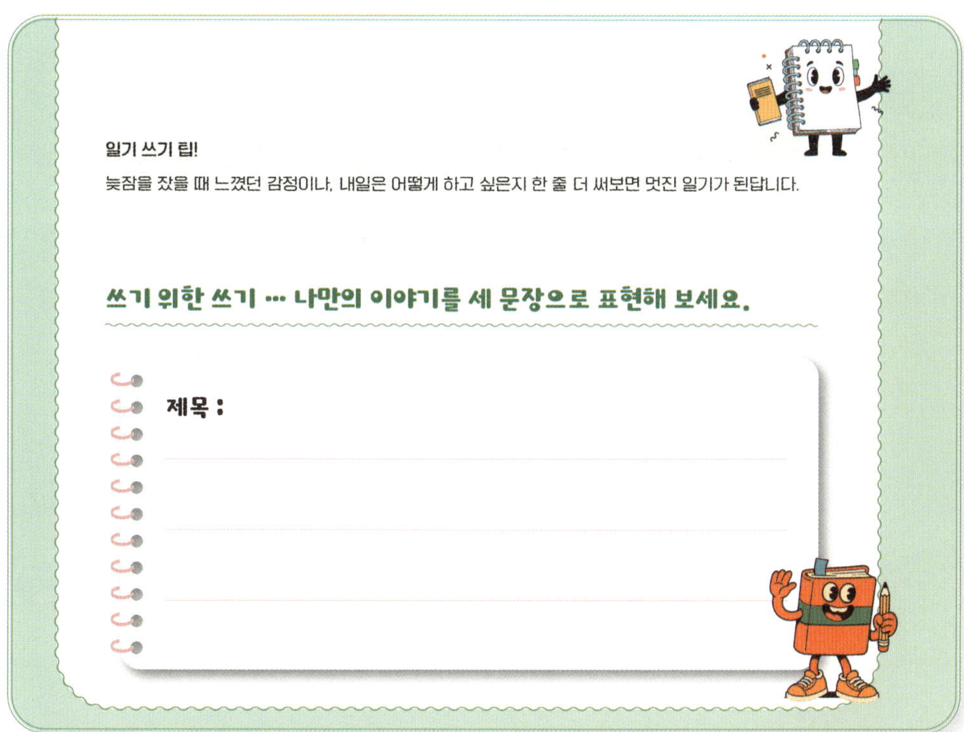

4단계 [쓰기 위한 쓰기]

아이가 자기 이야기를 자신의 글로 옮겨 보는 시간입니다. 앞선 단계에서 말로 풀어 보고, 그림으로 표현했던 하루를 떠올리며 이제 글로 써 봅니다. 무엇부터 써야 할지 막막하지 않도록, 이미 꺼내 놓은 생각과 그림이 자연스럽게 길잡이가 되어 줄 것입니다.

이때 문장의 개수에는 정답이 없습니다. 한 문장이어도 괜찮고, 두세 문장이어도 충분합니다. 길게 쓰는 것보다 중요한 것은 '내가 겪은 하루'를 글로 남겼다는 경험입니다. 아이는 글을 완성했다는 사실만으로도 큰 성취감을 느낍니다.

부모는 이 단계에서 교정자가 되기보다 첫 번째 독자가 되어 주세요. 맞춤법이나 표현을 고치기보다, 아이가 느낀 감정을 짚어 주며 댓글로 마음을 표현을 보세요. "그때 정말 속상했겠다", "그래서 기분이 좋았구나" 같은 공감 한마디가 아이에게는 다음 일기를 쓰게 하는 가장 좋은 응원이 됩니다.

부모의 댓글 쓰기, 아이의 글쓰기를 즐겁게 만들어 주는 큰 도구입니다.

차례

1장 · 나의 하루와 학교

일기 첫 문장은 '오늘 아침에', '학교에서', '집에서'처럼
시간·장소를 넣어서 시작해보세요.

2장 · 가족과 집

"했어요/했어" 구분, 자주 헷갈리는 낱말, 띄어쓰기 체크법

3장 · 친구와 우정

4장 · 나의 감정과 고민

1주	1	2	3	4	5
2주	6	7	8	9	10
3주	11	12	13	14	15
4주	16	17	18	19	20
5주	21	22	23	24	25
6주	26	27	28	29	30
7주	31	33	33	34	35
8주	36	37	38	39	40

나의 하루와 학교

[쉬어가는 코너] 오늘 일기, 어떻게 시작할까?
일기 첫 문장은 '오늘 아침에', '학교에서', '집에서'처럼
시간·장소를 넣어서 시작해보세요.

① 늦잠 잔 날

 **쓰기 위한 읽기**

제목 : 늦잠 잔 날

오늘 아침에 늦잠을 자서 허둥지둥 일어났다. 엄마가 "지금 몇 시야!"라고 소리쳐서 깜짝 놀랐다. 얼른 세수를 하고, 급하게 옷을 입었다. 아침밥은 두 숟가락만 먹고 가방을 챙겼다. 학교에 도착하니 종이 울리기 시작했다. 정말 아슬아슬했다. 내일은 알람 소리에 바로 일어나야겠다고 다짐했다.

 **쓰기 위한 생각**

★ 따라 쓰는 한마디

"내일은 꼭 일찍 일어나자!"

★ 오늘의 기분 표시하기

☺ 신났다   ☹ 당황했다   ☺ 졸렸다   ☹ 속상했다   ☺ 평범했다

★ 오늘 그려보기

여기에 깜짝 놀라서 세수하는 내 모습이나, 학교로 뛰어가는 장면을 그려보세요!

제목 : 늦잠 잔 날

오늘 아침에 늦잠을 자서 허둥지둥 일어났다. 엄마가 "지금 몇 시야!"라고 소리쳐서 깜짝 놀랐다. 얼른 세수를 하고, 급하게 옷을 입었다. 아침밥은 두 숟가락만 먹고 가방을 챙겼다. 학교에 도착하니 종이 울리기 시작했다. 정말 아슬아슬했다. 내일은 알람 소리에 바로 일어나야겠다고 다짐했다.

일기 쓰기 팁!

늦잠을 잤을 때 느꼈던 감정이나, 내일은 어떻게 하고 싶은지 한 줄 더 써보면 멋진 일기가 된답니다.

쓰기 위한 쓰기 … 나만의 이야기를 세 문장으로 표현해 보세요.

제목 :

② 아침 준비가 바빴던 날

 **쓰기 위한 읽기**

제목 : 아침 준비가 바빴던 날

오늘 아침은 정말 바빴다. 일어나자마자 세수를 하고, 옷을 갈아입었다. 엄마가 빨리 밥을 먹으라고 해서 후다닥 식탁에 앉았다. 밥을 급하게 먹느라 목이 막혀 물도 벌컥벌컥 마셨다. 학교에 늦을까 봐 가방을 들고 현관문을 뛰어나갔다. 버스 정류장에 도착하니 마침 버스가 와 있었다. 다행이었다.

 **쓰기 위한 생각**

★ **따라 쓰는 한마디**

오늘 아침은 너무 바빠서 제대로 숨도 못 쉬었다.

★ **오늘의 기분 표시하기**

😊 신났다　😦 당황했다　😌 급했다　😞 아쉬웠다　😐 평범했다

★ **오늘 그려보기**

가방을 메고 달리는 내 모습이나, 식탁에서 급하게 밥 먹는 장면을 그려보세요!

제목 : 아침 준비가 바빴던 날

오늘 아침은 정말 바빴다. 일어나서 얼른 세수를 하고, 옷을 갈아입었다. 엄마가 빨리 밥을 먹으라고 해서 후다닥 식탁에 앉았다. 밥을 급하게 먹느라 목이 막혀 물도 벌컥벌컥 마셨다. 학교에 늦을까 봐 가방을 들고 현관문을 뛰어나갔다. 버스 정류장에 도착하니 마침 버스가 와 있었다. 다행이었다.

일기 쓰기 팁!

아침에 바빴던 이유, 다음에는 어떻게 준비할지 한 줄 더 써보면 좋아요!

쓰기 위한 쓰기 ··· 나만의 이야기를 세 문장으로 표현해 보세요.

제목 :

③ 지각할 뻔한 날

 **쓰기 위한 읽기**

제목 : 지각할 뻔한 날

알람이 울렸다. 5분 만 더 자려고 했는데 한 번 더 누웠다가 시간이 많이 지나버렸다. 정신없이 준비해서 집을 나섰다. 횡단보도에서 신호를 기다리는데 시간이 너무 빠르게 가는 것 같았다. 학교 앞에 거의 다 갔을 때 종이 울렸다. 심장이 두근거렸다. 교실에 아슬아슬하게 들어가자 긴장했던 마음이 풀렸다. 내일은 조금 더 일찍 준비해서 나와야겠다고 생각했다.

 **쓰기 위한 생각**

★ **따라 쓰는 한마디**

다음엔 꼭 늦지 않게 집에서 나가자!

★ **오늘의 기분 표시하기**

☺ 평범했다   ☹ 당황했다   ☹ 급했다   ☺ 안도했다   ☹ 아쉬웠다

★ **오늘 그려보기**

교실로 뛰어가는 내 모습이나, 신호등 앞에서 기다리는 장면을 그려보세요!

제목 : 지각할 뻔한 날

알람이 울렸다. 5분 만 더 자려고 했는데 한 번 더 누웠다가 시간이 많이 지나버렸다. 정신없이 준비해서 집을 나섰다. 횡단보도에서 신호를 기다리는데 시간이 너무 빠르게 가는 것 같았다. 학교 앞에 거의 다 왔을 때 종이 울렸다. 심장이 두근거렸다. 교실에 아슬아슬하게 들어가자 긴장했던 마음이 풀렸다. 내일은 조금 더 일찍 준비해서 나와야겠다고 생각했다.

일기 쓰기 팁!
오늘 느꼈던 긴장감, 다음에는 어떻게 하면 좋을지 한 줄로 써보세요.

쓰기 위한 쓰기 ··· 나만의 이야기를 세 문장으로 표현해 보세요.

제목 :

④ 선생님께 칭찬받은 순간

 ## 쓰기 위한 읽기

제목 : 선생님께 칭찬받은 순간

수업 시간에 선생님께 칭찬을 받았다. 국어 시간에 발표를 했는데 "정말 잘 했어!"라는 말을 듣고 기분이 너무 좋았다. 친구들이 박수를 쳐주었는데 부끄러워서 얼굴이 빨개졌다. 집에 가는 길에 엄마에게 자랑도 했다. 칭찬을 받으니까 하루 종일 행복했다. 앞으로도 더 열심히 해야겠다고 다짐했다.

 ## 쓰기 위한 생각

★ 따라 쓰는 한마디

오늘 선생님께 칭찬을 받아서 기분이 최고였다.

★ 오늘의 기분 표시하기

☺ 평범했다   ☹ 당황했다   ☹ 급했다   ☺ 안도했다   ☹ 아쉬웠다

★ 오늘 그려보기

발표하는 내 모습이나, 선생님이 칭찬해 주는 장면을 그려보세요!

제목 : 선생님께 칭찬받은 순간

수업 시간에 선생님께 칭찬을 받았다. 국어 시간에 발표를 했는데 "정말 잘했어!"라는 말을 듣고 기분이 너무 좋았다. 친구들이 박수를 쳐주었는데 부끄러워서 얼굴이 빨개졌다. 집에 가는 길에 엄마에게 자랑도 했다. 칭찬을 받으니까 하루 종일 행복했다. 앞으로도 더 열심히 해야겠다고 다짐했다.

일기 쓰기 팁!

왜 칭찬을 받았는지, 그때 내 표정과 기분을 한 줄 더 써보면 일기가 더 멋져져요!

쓰기 위한 쓰기 ··· 나만의 이야기를 세 문장으로 표현해 보세요.

제목 :

⑤ 수업 시간에 졸았던 일

 **쓰기 위한 읽기**

제목 : 수업 시간에 졸았던 일

수업 시간에 너무 졸려서 눈이 저절로 감겼다. 선생님 목소리가 멀리서 들리는 것처럼 느껴졌다. 친구가 옆에서 쿡 찔러줘서 정신을 차렸다. 선생님께 들키지 않아서 다행이었지만, 수업 내용이 잘 기억나지 않아 아쉬웠다. 다음부터는 밤에 늦게 자지 말고 일찍 자야겠다고 생각했다.

 **쓰기 위한 생각**

★ **따라 쓰는 한마디**

오늘은 졸아서 수업 내용을 잘 못 들었다.

★ **오늘의 기분 표시하기**

😌 졸렸다   😧 당황했다   😣 급했다   😔 아쉬웠다   😊 웃겼다

★ **오늘 그려보기**

책상에 엎드려 꾸벅꾸벅 조는 내 모습이나, 친구가 깨워주는 장면을 그려보세요!

제목 : 수업 시간에 졸았던 일

수업 시간에 너무 졸려서 눈이 저절로 감겼다. 선생님 목소리가 멀리서 들리는 것처럼 느껴졌다. 친구가 옆에서 쿡 찔러줘서 정신을 차렸다. 선생님께 들키지 않아서 다행이었지만, 수업 내용이 잘 기억나지 않아 아쉬웠다. 다음부터는 밤에 늦게 자지 말고 일찍 자야겠다고 생각했다.

일기 쓰기 팁!
왜 졸렸는지, 다음엔 어떻게 하면 좋을지 생각을 적어보면 좋아요!

쓰기 위한 쓰기 ⋯ 나만의 이야기를 세 문장으로 표현해 보세요.

제목 :

⑥ 쉬는 시간에 친구랑 놀기

 쓰기 위한 읽기

제목 : 쉬는 시간에 친구랑 놀기

쉬는 시간에 친구랑 운동장에서 숨바꼭질을 했다. 내가 술래가 돼서 친구들을 찾으려고 뛰어다녔다. 숨은 친구를 발견했을 때 친구들이 깜짝 놀라며 서로 웃었다. 짧은 시간이었지만 정말 신나고 즐거웠다. 다시 교실로 들어갈 때도 웃음이 멈추지 않았다. 쉬는 시간이 매일 이렇게 즐거우면 좋겠다.

 쓰기 위한 생각

★ 따라 쓰는 한마디

쉬는 시간이 매일 이렇게 즐거우면 좋겠다.

★ 오늘의 기분 표시하기

😊 졸렸다   😣 재밌었다   😔 급했다   😟 아쉬웠다   😊 웃겼다

★ 오늘 그려보기

운동장에서 뛰노는 내 모습이나, 숨바꼭질 하는 장면을 그려보세요!

제목 : 쉬는 시간에 친구랑 놀기

쉬는 시간에 친구랑 운동장에서 숨바꼭질을 했다. 내가 술래가 돼서 친구들을 찾으려고 뛰어다녔다. 숨은 친구를 발견했을 때 친구들이 깜짝 놀라며 웃었다. 짧은 시간이었지만 정말 신나고 즐거웠다. 다시 교실로 들어갈 때도 웃음이 멈추지 않았다. 쉬는 시간이 매일 이렇게 즐거우면 좋겠다.

일기 쓰기 팁!
오늘 함께 논 친구의 이름, 어떤 놀이를 했는지 한 줄 더 써보세요.

쓰기 위한 쓰기 ⋯ 나만의 이야기를 세 문장으로 표현해 보세요.

제목 :

⑦ 급식에서 싫어하는 반찬 나온 날

 ## 쓰기 위한 읽기

제목 : 싫어하는 반찬이 나온 날

급식 시간에 내가 제일 싫어하는 반찬이 나왔다. 밥은 맛있었는데 반찬을 남길 수 없어서 억지로 다 먹었다. 친구들도 그 반찬을 싫어한다고 해서 같이 투덜거렸다. 그래도 선생님이 건강에 좋다고 하셔서 참고 먹을 수 있었다. 다음에는 내가 좋아하는 반찬이 나오면 좋겠다.

 ## 쓰기 위한 생각

★ 따라 쓰는 한마디

다음에는 내가 좋아하는 반찬이 나오면 좋겠다.

★ 오늘의 기분 표시하기

☺ 잘했다   ☹ 속상했다   ☹ 급했다   ☹ 아쉬웠다   ☺ 웃겼다

★ 오늘 그려보기

식판에 반찬이 담긴 모습이나, 친구들과 투덜거리는 장면을 그려보세요!

제목 : 싫어하는 반찬이 나온 날

급식 시간에 내가 제일 싫어하는 반찬이 나왔다. 밥은 맛있었는데 반찬을 남길 수 없어서 억지로 다 먹었다. 친구들도 그 반찬을 싫어한다고 해서 같이 투덜거렸다. 그래도 선생님이 건강에 좋다고 하셔서 참고 먹을 수 있었다. 다음에는 내가 좋아하는 반찬이 나오면 좋겠다.

일기 쓰기 팁!

싫어하는 반찬을 먹으면서 생각한 점, 다음엔 어떤 반찬이 나오면 좋을지 써보세요.

쓰기 위한 쓰기 … 나만의 이야기를 세 문장으로 표현해 보세요.

제목 :

⑧ 숙제를 못 해간 날

 **쓰기 위한 읽기**

제목 : 숙제를 못 해간 날

숙제를 깜빡하고 못 해갔다. 선생님이 숙제 검사를 하실 때 너무 긴장돼서 심장이 쿵쾅거렸다. 내 차례가 다가오자 얼굴이 빨개졌다. 선생님께 솔직하게 말씀드렸더니 다음부터는 꼭 해오라고 하셨다. 친구들이 숙제를 다 해온 걸 보니 부끄러운 생각이 들었다. 집에 가자마자 숙제를 먼저 하기로 결심했다.

 **쓰기 위한 생각**

★ **따라 쓰는 한마디**

내 차례가 다가오자 얼굴이 빨개졌다.

★ **오늘의 기분 표시하기**

😞 아쉬웠다   😣 부끄러웠다   😐 긴장했다   😑 다짐했다   😟 당황했다

★ **오늘 그려보기**

숙제 검사 할 때 긴장하는 모습을 그려보세요.

제목 : 숙제를 못 해간 날

숙제를 깜빡하고 못 해갔다. 선생님이 숙제 검사를 하실 때 너무 긴장돼서 심장이 쿵쾅거렸다. 내 차례가 다가오자 얼굴이 빨개졌다. 선생님께 솔직하게 말씀드렸더니 다음부터는 꼭 해오라고 하셨다. 친구들이 숙제를 다 해온 걸 보니 부끄러운 생각이 들었다. 집에 가자마자 숙제를 먼저 하기로 결심했다.

일기 쓰기 팁!
부끄러운 마음이 들었던 기억을 한 줄 더 써 보세요.

쓰기 위한 쓰기 ⋯ 나만의 이야기를 세 문장으로 표현해 보세요.

제목 :

⑨ 학교에서 넘어졌던 경험

 쓰기 위한 읽기

제목 : 학교에서 넘어져서 다친 날

학교 복도에서 급하게 뛰다가 넘어지고 말았다. 무릎이 까져서 조금 아팠지만 친구가 다가와 손을 잡아줘서 고마웠다. 선생님도 달려오셔서 괜찮냐고 물으셨다. 처음엔 창피했지만 금방 괜찮아졌다. 앞으로는 천천히 다니기로 마음먹었다.

 쓰기 위한 생각

★ **따라 쓰는 한마디**

처음엔 창피했지만 금방 괜찮아졌다.

★ **오늘의 기분 표시하기**

☺ 창피했다 ☹ 아팠다 ☺ 고마웠다 ☹ 놀랐다 ☹ 당황했다

★ **오늘 그려보기**

친구가 다가와 손을 잡아주는 장면을 그려보세요.

제목 : 학교에서 넘어져서 다친 날

학교 복도에서 급하게 뛰다가 넘어지고 말았다. 무릎이 까져서 조금 아팠지만 친구가 다가와 손을 잡아줘서 고마웠다. 선생님도 달려오셔서 괜찮냐고 물으셨다. 처음엔 창피했지만 금방 괜찮아졌다. 앞으로는 천천히 다니기로 마음먹었다.

일기 쓰기 팁!

서두르지 않기 위한 다짐을 쓰면 더 멋진 일기가 된답니다.

쓰기 위한 쓰기 ⋯ 나만의 이야기를 세 문장으로 표현해 보세요.

제목 :

⑩ 새로 전학 온 친구와의 만남

 ## 쓰기 위한 읽기

제목 : 전학 온 새 친구

우리 반에 새 친구가 전학을 왔다. 처음에는 서로 어색했지만, 내가 먼저 인사하고 자리를 안내해 주었더니 고맙다고 했다. 쉬는 시간에 이야기도 같이 하고, 점심도 함께 먹었다. 새로운 친구와 친해진 것 같아 기분이 좋았다. 앞으로도 잘 지내고 싶다.

 ## 쓰기 위한 생각

★ 따라 쓰는 한마디

앞으로 좋은 친구가 되고 싶다고 생각했다.

★ 오늘의 기분 표시하기

😊 설렛다   😊 반가웠다   😊 어색했다   ☹ 즐거웠다   😐 긴장했다

★ 오늘 그려보기

새 친구와 인사하는 장면이나, 같이 노는 모습을 그려보세요!

제목 : 전학 온 새 친구

우리 반에 새 친구가 전학을 왔다. 처음에는 서로 어색했지만, 내가 먼저 인사하고 자리를 안내해 주었더니 고맙다고 했다. 쉬는 시간에 이야기도 같이 하고, 점심도 함께 먹었다. 새로운 친구와 친해진 것 같아 기분이 좋았다. 앞으로도 잘 지내고 싶다.

일기 쓰기 팁!

새 친구의 이름, 함께 했던 활동, 앞으로 하고 싶은 말을 한 줄로 써보세요.

쓰기 위한 쓰기 … 나만의 이야기를 세 문장으로 표현해 보세요.

제목 :

쉬어가는 코너

오늘 일기, 어떻게 시작할까?

그럴 땐 '언제'나 '어디서'를 먼저 쓰면 돼요!

시간으로 시작하기

- 오늘 아침에 눈을 뜨자마자
- 점심시간에 급식 먹다가
- 저녁에 TV를 보는데

장소로 시작하기

- 학교 운동장에서
- 집 부엌에서
- 마트 과자 코너에서

1. 오늘 있었던 재미있거나 좋았던 순간 떠올리기
2. '언제·어디서'를 앞에 붙이기

예시

1. 오늘 아침에 창문을 열었더니 시원한 바람이 "안녕~" 하고 인사했어요.

2. 학교 운동장에서 친구랑 달리기 시합을 했는데 1등을 했어요!

3. 집 부엌에서 라면을 끓였는데, 면이 "쭈~욱" 늘어났어요.

오늘은 '언제'나 '어디서'로 시작하는 첫 문장 1개를 써 보세요!
그다음에 신나게 이어 쓰면, 오늘 일기 완성!

2장

가족과 집

[이건 꼭 익혀주세요!] 맞춤법, 띄어쓰기 꿀팁
"했어요/했어" 구분, 자주 헷갈리는 낱말, 띄어쓰기 체크법

① 가족끼리 TV 보여 웃었던 일

 ## 쓰기 위한 읽기

제목 : 가족과 함께한 저녁

저녁에 가족 모두가 거실에 모여 TV를 봤다. 재미있는 예능 프로그램이 나와서 우리 모두 크게 웃었다. 엄마는 눈물이 날 정도로 웃으셨고, 아빠도 소리 내어 웃으셨다. 동생도 따라 웃어서 거실 분위기가 더 밝아졌다. 오랜만에 가족이 함께 웃으니 기분이 참 좋았다. 이런 시간이 자주 있었으면 좋겠다.

 ## 쓰기 위한 생각

★ 따라 쓰는 한마디

오늘 가족이랑 TV 보면서 정말 많이 웃었다.

★ 오늘의 기분 표시하기

😊 신났다   🙂 즐거웠다   😌 따뜻했다   ☹️ 아쉬웠다   😐 긴장했다

★ 오늘 그려보기

TV 앞에서 온 가족이 모여 웃고 있는 장면을 그려보세요!

제목 : 가족과 함께한 저녁

저녁에 가족 모두가 거실에 모여 TV를 봤다. 재미있는 예능 프로그램이 나와서 우리 모두 크게 웃었다. 엄마는 눈물이 날 정도로 웃으셨고, 아빠도 소리 내어 웃으셨다. 동생도 따라 웃어서 거실 분위기가 더 밝아졌다. 오랜만에 가족이 함께 웃으니 기분이 참 좋았다. 이런 시간이 자주 있었으면 좋겠다.

일기 쓰기 팁!

가족이 함께 본 프로그램, 가장 기억에 남는 장면을 한 줄 더 써보세요.

쓰기 위한 쓰기 ⋯ 나만의 이야기를 세 문장으로 표현해 보세요.

제목 :

② 엄마를 도와 집안일 한 날

 ## 쓰기 위한 읽기

제목 : 엄마를 도운 하루

오늘은 엄마를 도와 집안일을 했다. 설거지를 먼저 하고, 거실 바닥도 깨끗하게 쓸었다. 내가 열심히 하자 엄마는 "정말 든든하다!"며 칭찬해 주셨다. 일을 다 마치고 먹은 간식은 평소보다 더 맛있었다. 가족을 위해 뭔가를 했다는 생각에 마음이 뿌듯했다.

 ## 쓰기 위한 생각

★ 따라 쓰는 한마디

오늘은 집안일을 도와서 기분이 좋았다.

★ 오늘의 기분 표시하기

😊 뿌듯했다   😦 자랑스러웠다   😌 힘들었다   😟 피곤했다   😐 긴장했다

★ 오늘 그려보기

엄마와 함께 청소하는 모습이나, 설거지하는 장면을 그려보세요!

제목 : 엄마를 도운 하루

오늘은 엄마를 도와 집안일을 했다. 설거지를 먼저 하고, 거실 바닥도 깨끗하게 쓸었다. 내가 열심히 하자 엄마는 "정말 든든하다!"며 칭찬해 주셨다. 일을 다 마치고 먹은 간식은 평소보다 더 맛있었다. 가족을 위해 뭔가를 했다는 생각에 마음이 뿌듯했다.

일기 쓰기 팁!

가장 힘들었던 일, 그리고 엄마의 표정을 한 줄로 써보세요..

쓰기 위한 쓰기 ⋯ 나만의 이야기를 세 문장으로 표현해 보세요.

제목 :

③ 엄마, 아빠와 다툰 경험

 ## 쓰기 위한 읽기

제목 : 엄마와의 말다툼

아침에 엄마와 말다툼을 했다. 숙제를 하지 않아서 엄마가 잔소리를 하셨는데, 내가 짜증을 내고 말았다. 서로 속상했지만, 시간이 지나고 나서 내가 먼저 "미안해요."라고 말했다. 그러자 엄마도 내 마음을 이해해 주셨다. 다투고 나서 먼저 사과를 하니 마음이 한결 편해졌다.

 ## 쓰기 위한 생각

★ 따라 쓰는 한마디

먼저 사과하니 마음이 편해졌다.

★ 오늘의 기분 표시하기

😖 속상했다　😐 부끄러웠다　😊 편안했다　😄 즐거웠다　😑 긴장했다

★ 오늘 그려보기

엄마와 화해하는 모습이나, 서로 미안하다고 하는 장면을 그려보세요!

제목 : 엄마와의 말다툼

아침에 엄마와 말다툼을 했다. 숙제를 하지 않아서 엄마가 잔소리를 하셨는데, 내가 짜증을 내고 말았다. 서로 속상했지만, 시간이 지나고 나서 내가 먼저 "미안해요."라고 말했다. 그러자 엄마도 내 마음을 이해해 주셨다. 다투고 나서 먼저 사과를 하니 마음이 한결 편해졌다.

일기 쓰기 팁!
다툰 뒤 느낀 점, 다음에 다투지 않으려면 어떻게 할지 써보세요.

쓰기 위한 쓰기 ⋯ 나만의 이야기를 세 문장으로 표현해 보세요.

제목 :

④ 가족과 아침식사 한 날

 ## 쓰기 위한 읽기

제목 : 가족과 함께 한 아침식사

오늘 아침에 가족 모두가 식탁에 둘러앉아 밥을 먹었다. 아빠는 재미있는 이야기를 들려주셨고, 엄마는 모두의 그릇에 반찬을 챙겨주셨다. 평소에는 각자 바빠서 함께 식사할 시간이 많지 않았는데, 도란도란 이야기를 나누며 먹으니 신이 났다. 밥도 유난히 맛있었다. 가족과 아침을 함께 먹으니 하루 종일 기분이 좋았다.

 ## 쓰기 위한 생각

★ 따라 쓰는 한마디

가족과 함께하는 시간이 소중했다.

★ 오늘의 기분 표시하기

☺ 따뜻했다　☺ 든든했다　☺ 즐거웠다　☺ 특별했다　☹ 아쉬웠다

★ 오늘 그려보기

식탁에 둘러앉아 밥을 먹는 가족 모습을 그려보세요!

제목 : 가족과 함께 한 아침식사

오늘 아침에 가족 모두가 식탁에 둘러앉아 밥을 먹었다. 아빠는 재미있는 이야기를 들려주셨고, 엄마는 모두의 그릇에 반찬을 챙겨주셨다. 평소에는 각자 바빠서 함께 식사할 시간이 많지 않았는데, 도란도란 이야기를 나누며 먹으니 신이 났다. 밥도 유난히 맛있었다. 가족과 아침을 함께 먹으니 하루 종일 기분이 좋았다.

일기 쓰기 팁!
아침에 나눈 이야기, 그때 느낀 마음을 한 줄로 적어보세요.

쓰기 위한 쓰기 ⋯ 나만의 이야기를 세 문장으로 표현해 보세요.

제목 :

⑤ 혼자 집을 지킨 날

쓰기 위한 읽기

제목 : 혼자 지킨 우리 집

엄마, 아빠가 잠시 외출하셔서 혼자 집을 지키게 되었다. 처음에는 조금 무서웠지만, 창문을 확인하고 TV를 보고 있으니 점점 마음이 편해졌다. 혼자 있으니 평소에는 잘 느끼지 못했던 집안의 소리도 더 크게 들렸다. 엄마가 돌아오셔서 "잘 있었니?"라고 물으시자, 나는 "네, 잘 있었어요!"라고 대답했다. 혼자만의 시간이 끝나자 오히려 뿌듯한 마음이 들었다.

쓰기 위한 생각

★ 따라 쓰는 한마디

혼자만의 시간이 끝나자 오히려 뿌듯한 마음이 들었다.

★ 오늘의 기분 표시하기

☺ 긴장했다   ☹ 무서웠다   ☺ 뿌듯했다   ☺ 즐거웠다   ☺ 평범했다

★ 오늘 그려보기

집에 혼자 있었던 경험을 그림으로 표현해 보세요.

제목 : 혼자 지킨 우리 집

엄마, 아빠가 잠시 외출하셔서 혼자 집을 지키게 되었다. 처음에는 조금 무서웠지만, 창문을 확인하고 TV를 보고 있으니 점점 마음이 편해졌다. 혼자 있으니 평소에는 잘 느끼지 못했던 집안의 소리도 더 크게 들렸다. 엄마가 돌아오셔서 "잘 있었니?"라고 물으시자, 나는 "네, 잘 있었어요!"라고 대답했다. 혼자만의 시간이 끝나자 오히려 뿌듯한 마음이 들었다.

일기 쓰기 팁!
혼자 있을 때 한 일, 느꼈던 감정을 한 줄 더 써보세요.

쓰기 위한 쓰기 ⋯ 나만의 이야기를 세 문장으로 표현해 보세요.

제목 :

⑥ 가족과 마트 간 이야기

 ## 쓰기 위한 읽기

제목 : 가족과 함께 한 장보기

저녁에 가족들이랑 마트에 갔다. 나는 커다란 카트를 끌었다. 과자 코너에서 제일 좋아하는 초코과자를 얼른 집었다. 엄마는 "이건 세일이네!" 하면서 필요한 물건들을 하나씩 골랐다. 아빠는 커다란 생수랑 무거운 쌀을 카트에 넣어 주셨고, 동생은 장난감 코너에서 로봇을 보고 있었다. 계산을 하고 집으로 돌아가는 길, 우리 가족은 마치 소풍 다녀온 것처럼 신나서 웃음이 멈추지 않았다.

 ## 쓰기 위한 생각

★ 따라 쓰는 한마디

우리 가족은 마치 소풍 다녀온 것처럼 신나서 웃음이 멈추지 않았다.

★ 오늘의 기분 표시하기

☺ 신났다　☺ 반가웠다　☺ 바빴다　☺ 뿌듯했다　☺ 피곤했다

★ 오늘 그려보기

마트에서 가족과 함께 장보는 모습을 그려보세요!

제목 : 가족과 함께 한 장보기

저녁에 가족들이랑 마트에 갔다. 나는 커다란 카트를 끌었다. 과자 코너에서 제일 좋아하는 초코과자를 얼른 집었다. 엄마는 "이건 세일이네!" 하면서 필요한 물건들을 하나씩 골랐다. 아빠는 커다란 생수랑 무거운 쌀을 카트에 넣어 주셨고, 동생은 장난감 코너에서 로봇을 보고 있었다. 계산을 하고 집으로 돌아가는 길, 우리 가족은 마치 소풍 다녀온 것처럼 신나서 웃음이 멈추지 않았다.

일기 쓰기 팁!
마트에서 한 일 중 가장 기억에 남는 장면을 한 줄 더 써보세요.

쓰기 위한 쓰기 ⋯ 나만의 이야기를 세 문장으로 표현해 보세요.

제목 :

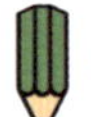 쓰기 위한 읽기

제목 : 가족과 함께한 대청소

가족이 모두 모여 대청소를 했다. 나는 내 방을 정리했고, 엄마는 주방을 닦으셨다. 아빠는 거실을 쓸었고, 동생은 장난감을 정리했다. 모두가 힘을 합치니 집안이 금세 깨끗해졌다. 청소가 끝난 뒤, 엄마가 준비해 주신 시원한 음료를 마시며 잠시 쉬었다. 가족과 함께하니 힘들었지만 보람이 있었다.

 쓰기 위한 생각

★ 따라 쓰는 한마디

가족과 함께하니 힘들었지만 보람이 있었다.

★ 오늘의 기분 표시하기

☺ 뿌듯했다 ☺ 힘들었다 ☺ 어색했다 ☹ 즐거웠다 😐 피곤했다

★ 오늘 그려보기

청소 도구를 들고 가족이 청소하는 모습을 그려보세요!

제목 : 가족과 함께한 대청소

가족이 모두 모여 대청소를 했다. 나는 내 방을 정리했고, 엄마는 주방을 닦으셨다. 아빠는 거실을 쓸었고, 동생은 장난감을 정리했다. 모두가 힘을 합치니 집안이 금세 깨끗해졌다. 청소가 끝난 뒤, 엄마가 준비해 주신 시원한 음료를 마시며 잠시 쉬었다. 가족과 함께하니 힘들었지만 보람이 있었다.

일기 쓰기 팁!

청소하며 힘들었던 점, 끝나고 느낀 점을 써보세요.

쓰기 위한 쓰기 ⋯ 나만의 이야기를 세 문장으로 표현해 보세요.

제목 :

⑧ 가족에게 장난쳤던 일

 ## 쓰기 위한 읽기

제목 : 오늘은 내가 장난꾸러기

오늘은 가족한테 몰래 장난을 쳤다. 엄마가 내 이름을 부르실 때 일부러 못 들은 척하고 가만히 있었다. 엄마가 방까지 찾아오셔서 "어머, 여기 있었네!" 하며 웃으셨다. 그다음엔 아빠 방에 살금살금 들어가서 "아빠!" 하고 소리쳤다. 아빠는 잠깐 놀라셨지만 금방 웃으셨다. 나의 장난에 모두 놀랐지만, 다 같이 웃어서 기분이 좋았다. 가벼운 장난이 가족을 즐겁게 할 수 있다는 것을 알게 되었다.

 ## 쓰기 위한 생각

★ 따라 쓰는 한마디

다 같이 웃어서 기분이 좋았다.

★ 오늘의 기분 표시하기

☺ 웃겼다　☺ 즐거웠다　☺ 어색했다　☹ 당황했다　☺ 미안했다

★ 오늘 그려보기

가족이 깜짝 놀라는 모습이나, 함께 웃는 장면을 그려보세요!

제목 : 오늘은 내가 장난꾸러기

오늘은 가족한테 몰래 장난을 쳤다. 엄마가 내 이름을 부르실 때 일부러 못 들은 척하고 가만히 있었다. 엄마가 방까지 찾아오셔서 "어머, 여기 있었네!" 하며 웃으셨다. 그다음엔 아빠 방에 살금살금 들어가서 "아빠!" 하고 소리쳤다. 아빠는 잠깐 놀라셨지만 금방 웃으셨다. 나의 장난에 모두 놀랐지만, 다 같이 웃어서 기분이 좋았다. 가벼운 장난이 가족을 즐겁게 할 수 있다는 것을 알게 되었다.

일기 쓰기 팁!

가장 재미있었던 장난, 장난 후 가족의 반응을 써보세요.

쓰기 위한 쓰기 ⋯ 나만의 이야기를 세 문장으로 표현해 보세요.

제목 :

⑨ 가족 모두가 아팠던 날

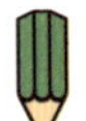 ## 쓰기 위한 읽기

제목 : 감기에 걸린 우리 가족

가족 모두 감기에 걸려 집에서 쉬었다. 엄마는 기침을 하셨고, 아빠는 머리가 아프다고 하셨다. 동생은 콧물을 훌쩍였다. 우리는 엄마가 끓여 주신 따뜻한 죽을 먹으며 푹 쉬었다. 아픈 하루였지만, 서로를 챙기고 도와주는 가족이 있어서 힘이 났다. 모두 빨리 건강을 되찾으면 좋겠다.

 ## 쓰기 위한 생각

★ 따라 쓰는 한마디

"건강이 최고인 것 같다!"

★ 오늘의 기분 표시하기

😊 따뜻했다   😧 속상했다   😐 든든했다   🙂 즐거웠다   🙂 고마웠다

★ 오늘 그려보기

침대에 누워서 서로를 챙기는 가족의 모습을 그려보세요!

제목 : 감기에 걸린 우리 가족

가족 모두 감기에 걸려 집에서 쉬었다. 엄마는 기침을 하셨고, 아빠는 머리가 아프다고 하셨다. 동생은 콧물을 훌쩍였다. 우리는 엄마가 끓여 주신 따뜻한 죽을 먹으며 푹 쉬었다. 아픈 하루였지만, 서로를 챙기고 도와주는 가족이 있어서 힘이 났다. 모두 빨리 건강을 되찾으면 좋겠다.

일기 쓰기 팁!

아플 때 누가 어떻게 챙겨줬는지, 회복 후 하고 싶은 일을 써보세요.

쓰기 위한 쓰기 ⋯ 나만의 이야기를 세 문장으로 표현해 보세요.

제목 :

⑩ 가족 모임에서 느낀 점

 **쓰기 위한 읽기**

제목 : 가족모임

오랜만에 친척들이 모두 할머니 댁에 모였다. 할머니가 맛있는 음식을 준비
해 주셨다. 나는 사촌들과 게임을 하며 신나게 놀았다. 어른들은 옛날이야
기를 하며 크게 웃으셨다. 가족이 많아 집 안이 왁자지껄했지만 마음은 든
든했다. 이런 가족 모임이 자주 있었으면 좋겠다.

 **쓰기 위한 생각**

★ **따라 쓰는 한마디**

가족이 많으니 집 안이 왁자지껄했지만 마음은 든든했다.

★ **오늘의 기분 표시하기**

☺ 신났다　☺ 반가웠다　☺ 바빴다　☺ 뿌듯했다　☹ 긴장했다

★ **오늘 그려보기**

가족들이 함께 식사하거나, 사촌들과 노는 모습을 그려보세요!

제목 : 가족모임

오랜만에 친척들이 모두 할머니 댁에 모였다. 할머니가 맛있는 음식을 준비해 주셨다. 나는 사촌들과 게임을 하며 신나게 놀았다. 어른들은 옛날이야기를 하며 크게 웃으셨다. 가족이 많아 집 안이 왁자지껄했지만 마음은 든든했다. 이런 가족 모임이 자주 있었으면 좋겠다.

일기 쓰기 팁!

오늘 가족 모임에서 제일 즐거웠던 순간을 한 줄로 써보세요.

쓰기 위한 쓰기 ⋯ 나만의 이야기를 세 문장으로 표현해 보세요.

제목 :

맞춤법, 띄어쓰기 꿀팁

1. "했어요" / "했어" 구분하기

"했어요" → 높임말(존댓말)

예) 오늘 숙제 다 했어요.

(어른이나 선생님께)

"했어" → 반말

예) 오늘 숙제 다 했어.

(친구나 동생에게)

★ 쉽게 익혀요

어른한테는 했어요, 친구한테는 했어!

2. 자주 헷갈리는 낱말

가르치다 :

다른 사람에게 지식이나 기술을 알려 주다.

예) 선생님이 수학을 가르치다.

가리키다 :

손가락이나 물건으로 방향이나 대상을 나타내다.

예) 시계의 긴 바늘이 12를 가리키다.

★ 쉽게 익혀요

"지식"을 알려주면 가르치다, "손"으로 방향을 보여주면 가리키다.

조사(이, 가, 은, 는, 을, 를, 에, 와, 과 등)는 앞말에 붙여 쓴다.

예) 나는 학교에 갔다.

의미가 다른 단어는 띄어 쓴다.

예) 오늘 날씨가 좋다. / '오늘날씨가'라고 쓰면 안돼요.

소리 내어 읽기 : 문장을 소리 내어 읽어 보고, 말이 끊기는 곳에서 띄어쓴다.

예) 나는 / 친구와 / 공원에 / 갔다.

4. 재미있는 기억 방법

맞춤법은 "귀→손→눈" 순서로 익히기!

1. 귀로 바른 말을 듣고,

2. 손으로 써 보고,

3. 눈으로 다시 확인하기.

3장

친구와 우정

① 친구와 같은 팀이 된 날

 ## 쓰기 위한 읽기

제목 : 친구와 함께 한 체육시간

체육 시간에 좋아하는 친구와 같은 팀이 되었다. 우리는 함께 작전을 짜고 응원했다. 친구와 같은 팀이 되니 평소보다 힘이 더 나는 것 같았다. 이기든 지든 함께해서 더 즐거웠다. 오늘 체육 시간은 오래 기억에 남을 것 같다.

 ## 쓰기 위한 생각

★ 따라 쓰는 한마디

우리는 함께 작전을 짜고 응원했다.

★ 오늘의 기분 표시하기

☺ 신났다   ☺ 든든했다   ☺ 어색했다   ☺ 떨렸다   ☹ 아쉬웠다

★ 오늘 그려보기

경기장에서 친구와 하이파이브 하는 모습이나, 응원하는 모습을 그려보세요!

제목 : 친구와 함께 한 체육시간

체육 시간에 좋아하는 친구와 같은 팀이 되었다. 우리는 함께 작전을 짜고 응원했다. 친구와 같은 팀이 되니 평소보다 힘이 더 나는 것 같았다. 이기든 지든 함께해서 더 즐거웠다. 오늘 체육 시간은 오래 기억에 남을 것 같다.

일기 쓰기 팁!

친구와 나눈 대화, 경기에서 느낀 점을 한 줄 더 써보세요.

쓰기 위한 쓰기 … 나만의 이야기를 세 문장으로 표현해 보세요.

제목 :

② 친구와 작은 오해가 생긴 날

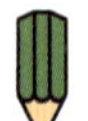 쓰기 위한 읽기

제목 : 말실수

쉬는 시간에 친구한테 "네 그림 진짜 이상하다~"라고 장난으로 말했는데, 친구가 진짜로 화가 났다. 수업 내내 우리 둘 다 말없이 책만 봤다. 수업이 끝나고 내가 먼저 다가가서 "아까 장난이었어. 네 그림 멋있어!"라고 말했다. 친구는 "진짜?" 하며 웃었다. 우린 하이파이브를 하고 집에 같이 갔다. 오해가 풀리니 마음이 풍선처럼 가벼워졌다.

 쓰기 위한 생각

★ 따라 쓰는 한마디

오해가 풀리니 마음이 풍선처럼 가벼워졌다.

★ 오늘의 기분 표시하기

😟 속상했다　😨 당황했다　😊 후련했다　🙂 즐거웠다　😑 부끄러웠다

★ 오늘 그려보기

친구와 대화하며 화해하는 모습을 그려보세요!

제목 : 말실수

쉬는 시간에 친구한테 "네 그림 진짜 이상하다~"라고 장난으로 말했는데, 친구가 진짜로 화가 났다. 수업 내내 우리 둘 다 말없이 책만 봤다. 수업이 끝나고 내가 먼저 다가가서 "아까 장난이었어. 네 그림 멋있어!"라고 말했다. 친구는 "진짜?" 하며 웃었다. 우린 하이파이브를 하고 집에 같이 갔다. 오해가 풀리니 마음이 풍선처럼 가벼워졌다.

일기 쓰기 팁!
오해가 생긴 이유, 화해 후 느낀 점을 한 줄로 적어보세요.

쓰기 위한 쓰기 … 나만의 이야기를 세 문장으로 표현해 보세요.

제목 :

③ 내 물건을 친구가 잃어버린 경험

 ## 쓰기 위한 읽기

제목 : 연필보다 소중한 우정

국어 시간에 친구에게 연필을 빌려줬는데, 친구가 연필을 잃어버렸다. 처음에는 조금 화가 났지만, 친구가 미안하다고 말해줘서 마음이 풀렸다. 친구도 속상해하는 모습을 보고 "괜찮아, 다음부터는 조심하자!"라고 말했다. 서로의 마음을 이해하니 기분이 좋아졌다.

 ## 쓰기 위한 생각

★ 따라 쓰는 한마디

친구가 내 물건을 잃어버려서 처음엔 속상했다.

★ 오늘의 기분 표시하기

☺ 신났다   ☹ 당황했다   ☺ 이해했다   ☹ 배려했다   ☺ 긴장했다

★ 오늘 그려보기

친구와 연필을 찾아보는 모습이나, 미안해하는 장면을 그려보세요!

제목 : 연필보다 소중한 우정

국어 시간에 친구에게 연필을 빌려줬는데, 친구가 연필을 잃어버렸다. 처음에는 조금 화가 났지만, 친구가 미안하다고 말해줘서 마음이 풀렸다. 친구도 속상해하는 모습을 보고 "괜찮아, 다음부터는 조심하자!"라고 말했다. 서로의 마음을 이해하니 기분이 좋아졌다.

일기 쓰기 팁!
내가 먼저 용서해준 순간, 친구의 표정을 한 줄로 적어보세요.

쓰기 위한 쓰기 ⋯ 나만의 이야기를 세 문장으로 표현해 보세요.

제목 :

④ 친구와 놀이터에서 놀았던 일

 쓰기 위한 읽기

제목 : 신나는 놀이터

방과 후에 친구와 놀이터에서 그네를 탔다. 우리는 그네로 누가 더 높이 올라가는지 시합도 했다. 시합이 끝난 뒤에는 미끄럼틀도 타고 모래놀이도 했다. 해가 질 때까지 놀이터에 있으니 시간 가는 줄 몰랐다. 함께 놀아서 더 즐거운 하루였다.

 쓰기 위한 생각

★ **따라 쓰는 한마디**

친구와 함께 놀아서 정말 즐거운 하루였다.

★ **오늘의 기분 표시하기**

😄 신났다   🙂 즐거웠다   😊 행복했다   🙁 지쳤다   😞 아쉬웠다

★ **오늘 그려보기**

그네 타는 모습, 미끄럼틀 타는 장면을 그려보세요!

· 제목 : 신나는 놀이터

방과 후에 친구와 놀이터에서 그네를 탔다. 우리는 그네로 누가 더 높이 올라가는지 시합도 했다. 시합이 끝난 뒤에는 미끄럼틀도 타고 모래놀이도 했다. 해가 질 때까지 놀이터에 있으니 시간 가는 줄 몰랐다. 함께 놀아서 더 즐거운 하루였다.

일기 쓰기 팁!

오늘 논 놀이, 다음에 하고 싶은 놀이를 한 줄 더 써보세요.

쓰기 위한 쓰기 ⋯ 나만의 이야기를 세 문장으로 표현해 보세요.

제목 :

⑤ 친구가 장난쳐서 속상했던 날

 ## 쓰기 위한 읽기

제목 : 의자 장난 사건

쉬는 시간에 친구가 내 의자를 살짝 뒤로 빼서 앉으려다 깜짝 놀랐다. 친구
는 웃었지만, 나는 조금 속상했다. 수업이 끝난 뒤 내가 "아까 그거 진짜 놀
랐어!"라고 말하자, 친구가 미안하다며 사과했다. 나도 웃으며 "괜찮아, 다
음엔 조심하자"라고 했다. 친구가 다음에는 위험한 장난은 치지 않았으면
좋겠다.

 ## 쓰기 위한 생각

★ **따라 쓰는 한마디**

위험한 장난은 치지말자.

★ **오늘의 기분 표시하기**

☹ 속상했다   😐 부끄러웠다   😊 어색했다   😃 다행이다   😐 긴장했다

★ **오늘 그려보기**

친구가 장난치는 모습이나, 화해하는 장면을 그려보세요!

제목 : 의자 장난 사건

쉬는 시간에 친구가 내 의자를 살짝 뒤로 빼서 앉으려다 깜짝 놀랐다. 친구는 웃었지만, 나는 조금 속상했다. 수업이 끝난 뒤 내가 "아까 그거 진짜 놀랐어!"라고 말하자, 친구가 미안하다며 사과했다. 나도 웃으며 "괜찮아, 다음엔 조심하자"라고 했다. 친구가 다음에는 위험한 장난은 치지 않았으면 좋겠다.

일기 쓰기 팁!
친구의 행동에 대한 내 기분을 표현해 보세요.

쓰기 위한 쓰기 ⋯ 나만의 이야기를 세 문장으로 표현해 보세요.

제목 :

⑥ 친구와 함께 비밀을 나눈 날

 **쓰기 위한 읽기**

제목 : 비밀

점심시간에 친한 친구와 운동장 구석 벤치에 앉아 이야기를 나눴다. 친구는 요즘 속상한 일이 생겼다고 조심스럽게 털어놓았고, 나도 마음속 비밀을 말했다. 그리고 우리는 "이건 우리 둘만 아는 비밀이야!" 하고 약속했다. 서로 믿을 수 있다는 게 참 좋았다. 비밀이 생기니 마음이 더 가까워진 것 같았다.

 **쓰기 위한 생각**

★ **따라 쓰는 한마디**

비밀을 나누니 친구와 더 가까워졌다.

★ **오늘의 기분 표시하기**

☺ 설렜다　☺ 반가웠다　☺ 조심스러웠다　☹ 든든했다　☺ 떨렸다

★ **오늘 그려보기**

비밀 얘기하는 모습이나 속삭이는 장면을 그려보세요!

제목 : 비밀

점심시간에 친한 친구와 운동장 구석 벤치에 앉아 이야기를 나눴다. 친구는 요즘 속상한 일이 생겼다고 조심스럽게 털어놓았고, 나도 마음속 비밀을 말했다. 그리고 우리는 "이건 우리 둘만 아는 비밀이야!" 하고 약속했다. 서로 믿을 수 있다는 게 참 좋았다. 비밀이 생기니 마음이 더 가까워진 것 같았다.

일기 쓰기 팁!

비밀을 듣고 느낀 점, 친구와 더 친해진 순간을 한 줄로 써보세요.

쓰기 위한 쓰기 ··· 나만의 이야기를 세 문장으로 표현해 보세요.

제목 :

⑦ 친구 집에 놀러 갔던 이야기

 ## 쓰기 위한 읽기

제목 : 친구네 집에 놀러 간 날

방과 후에 친구 집에 놀러 갔다. 친구의 방을 구경하고, 같이 게임도 했다. 친구 어머님께서 쿠키와 과일도 주셔서 맛있게 먹었다. 우리 집과는 다른 분위기라 신기하기도 했다. 얼마 놀지 않았는데 집에 가야해서 아쉬웠다. 다음에 또 가고 싶다.

 ## 쓰기 위한 생각

★ 따라 쓰는 한마디

친구와 시간을 보내니 하루가 금방 지나갔다.

★ 오늘의 기분 표시하기

☺ 신났다   ☺ 반가웠다   ☺ 즐거웠다   ☹ 아쉬웠다   😐 긴장했다

★ 오늘 그려보기

친구 방에서 노는 모습, 게임하는 장면을 그려보세요!

제목 : 친구네 집에 놀러 간 날

방과 후에 친구 집에 놀러 갔다. 친구의 방을 구경하고, 같이 게임도 했다. 친구 어머님께서 쿠키와 과일도 주셔서 맛있게 먹었다. 우리 집과는 다른 분위기라 신기하기도 했다. 얼마 놀지 않았는데 집에 가야해서 아쉬웠다. 다음에 또 가고 싶다.

일기 쓰기 팁!

친구 집에서 인상적이었던 점, 다음에 하고 싶은 일을 써보세요.

쓰기 위한 쓰기 … 나만의 이야기를 세 문장으로 표현해 보세요.

제목 :

⑧ 생일 파티에 초대받은 날

 ## 쓰기 위한 읽기

제목 : 친구의 생일 파티

친구의 생일 파티에 초대받아 갔다. 예쁜 생일 케이크와 장식이 눈에 띄었다. 친구들과 게임도 하고, 선물도 주었다. 다 같이 노래를 부르며 축하해주니 친구가 정말 행복해 보였다. 즐거운 추억이 한 가지 더 생긴 것 같다.

 ## 쓰기 위한 생각

★ 따라 쓰는 한마디

즐거운 추억이 한 가지 더 생긴 것 같다.

★ 오늘의 기분 표시하기

☺ 신났다　☺ 반가웠다　☺ 부러웠다　☺ 즐거웠다　☹ 아쉬웠다

★ 오늘 그려보기

생일 케이크, 친구들과 축하하는 모습을 그려보세요!

제목 : 친구의 생일 파티

친구의 생일 파티에 초대받아 갔다. 예쁜 생일 케이크와 장식이 눈에 띄었다. 친구들과 게임도 하고, 선물도 주었다. 다 같이 노래를 부르며 축하해주니 친구가 정말 행복해 보였다. 즐거운 추억이 한 가지 더 생긴 것 같다.

일기 쓰기 팁!

파티에서 기억에 남은 순간, 친구에게 전하고 싶은 말을 한 줄로 써보세요.

쓰기 위한 쓰기 ⋯ 나만의 이야기를 세 문장으로 표현해 보세요.

제목 :

⑨ 내 생일에 친구를 초대한 일

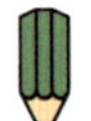 ## 쓰기 위한 읽기

제목 : 내 생일

오늘은 내 생일이다. 오후에 친구들이 집에 와 생일을 축하해 주었다. 엄마가 준비해 주신 피자와 떡볶이를 맛있게 먹고, 케이크에 촛불을 켜서 소원을 빌었다. 친구들이 선물을 내밀며 "이거 너한테 잘 어울릴 거야!"라고 말해 주어 너무 고마웠다. 매일매일이 내 생일이었으면 좋겠다.

 ## 쓰기 위한 생각

★ 따라 쓰는 한마디

매일매일이 내 생일이었으면 좋겠다.

★ 오늘의 기분 표시하기

😀 신났다　😊 행복했다　😌 감사했다　🙂 즐거웠다　😐 긴장했다

★ 오늘 그려보기

생일 파티에서 촛불 끄는 모습, 선물 받는 장면을 그려보세요!

제목 : 내 생일

오늘은 내 생일이다. 오후에 친구들이 집에 와 생일을 축하해 주었다. 엄마가 준비해 주신 피자와 떡볶이를 맛있게 먹고, 케이크에 촛불을 켜서 소원을 빌었다. 친구들이 선물을 내밀며 "이거 너한테 잘 어울릴 거야!"라고 말해 주어 너무 고마웠다. 매일매일이 내 생일이었으면 좋겠다.

일기 쓰기 팁!

생일을 축하해 준 친구들과 잊지 못할 순간을 한 줄로 써보세요.

쓰기 위한 쓰기 ⋯ 나만의 이야기를 세 문장으로 표현해 보세요.

제목 :

⑩ 친구의 미안하다는 말

 **쓰기 위한 읽기**

제목 : 친구의 사과

쉬는 시간에 친구가 다가와 "아까 네 지우개 빌려가 놓고 깜빡하고 못 돌려 줬어, 미안해"라고 말하며 지우개를 돌려줬다. 나는 "아니야, 괜찮아" 하며 웃었다. 별거 아닌 일인데 미안하다고 말해 주니 고마웠고, 오히려 더 친해 진 기분이 들었다.

 **쓰기 위한 생각**

★ **따라 쓰는 한마디**

별거 아닌 일인데 미안하다고 말해 주어 고마웠다.

★ **오늘의 기분 표시하기**

☺ 기뻤다   ☺ 반가웠다   ☺ 편했다   ☹ 속상했다   😐 긴장했다

★ **오늘 그려보기**

친구가 사과하는 모습, 서로 웃는 장면을 그려보세요!

제목 : 친구의 사과

쉬는 시간에 친구가 다가와 "아까 네 지우개 빌려가 놓고 깜빡하고 못 돌려줬어, 미안해"라고 말하며 지우개를 돌려줬다. 나는 "아니야, 괜찮아" 하며 웃었다. 별거 아닌 일인데 미안하다고 말해 주니 고마웠고, 오히려 더 친해진 기분이 들었다.

일기 쓰기 팁!

사과를 하거나 들은 경험이 있다면 한 줄로 써보세요.

쓰기 위한 쓰기 ⋯ 나만의 이야기를 세 문장으로 표현해 보세요.

제목 :

진짜 친구란?
관포지교(管鮑之交)

옛날 중국 춘추시대, 제나라에는 '포숙아'와 '관중'이라는 두 친구가 있었습니다. 포숙아는 어릴 때부터 관중이 특별한 사람이라고 믿고 존경했습니다. 그래서 관중이 가난해도, 실수를 해도, 항상 믿어 주었지요. 두 사람은 함께 장사를 했는데, 관중이 매번 이익을 조금 더 가져가도 포숙아는 화를 내지 않았습니다.

"관중은 집이 어려우니 더 필요한 곳에 쓸 거야."

관중이 여러 번 실패하고 좌절해도 포숙아는 "그가 때를 만나지 못했을 뿐이야."라며 감쌌습니다.

심지어 두 사람이 서로 다른 편에서 싸우는 정적이 되었을 때도, 권력 싸움에서 진 관중이 목숨을 잃을 위기에 처하자, 포숙아는 자신의 주군 '환공'에게 이렇게 말했습니다.

"관중은 나라를 위해 꼭 필요한 인재입니다. 그를 쓰시면 제나라가 강해질 것입니다."

그 덕분에 목숨을 건진 관중은 환공을 도와 제나라를 춘추시대의 가장 강한 나라로 만들었습니다. 관중에게 포숙아는 바로 '어려울 때 친구가 진정한 친구'라는 서양 속담을 떠올리게 하는 사람이었습니다.

훗날 관중은 이렇게 말했습니다.

"나를 낳아 준 분은 부모지만, 나를 알아 준 사람은 포숙아다."

사람들은 이 두 사람의 변치 않는 깊은 우정을 관포지교(管鮑之交)라 불렀습니다. 이 말은 서로를 믿고 어려울 때 도와주는 깊은 우정을 뜻한답니다.

4장

나의
감정과 고민

[이건 꼭 익혀주세요!] 감정 솔직하게 쓰기
"기뻤다/슬펐다/속상했다" 뒤에 구체적인 이유와
내 생각을 더해보기

① 슬픈 영화를 보고 운 날

 ## 쓰기 위한 읽기

제목 : 슬픈 영화를 본 날

저녁에 가족과 함께 거실에서 영화를 봤다. 영화 속 주인공이 가족을 위해 힘든 일을 참고 견디는 장면에서 눈물이 뚝뚝 흘렀다. 옆에 있던 엄마도 살짝 고개를 숙이며 손수건으로 눈물을 닦으셨다. 주인공의 용기와 가족의 사랑이 전해져 영화가 끝난 뒤에도 마음이 아팠다.

 ## 쓰기 위한 생각

★ 따라 쓰는 한마디

주인공의 용기와 사랑이 나에게도 전해졌다.

★ 오늘의 기분 표시하기

😦 슬펐다   🙂 따뜻했다   😕 울컥했다   😞 감동했다   😐 긴장했다

★ 오늘 그려보기

영화를 보며 눈물 흘리는 모습이나, 가족이 함께 있는 장면을 그려보세요!

제목 : 슬픈 영화를 본 날

저녁에 가족과 함께 거실에서 영화를 봤다. 영화 속 주인공이 가족을 위해 힘든 일을 참고 견디는 장면에서 눈물이 뚝뚝 흘렀다. 옆에 있던 엄마도 살짝 고개를 숙이며 손수건으로 눈물을 닦으셨다. 주인공의 용기와 가족의 사랑이 전해져 영화가 끝난 뒤에도 마음이 아팠다.

일기 쓰기 팁!

가장 인상 깊었던 장면, 영화 속 인물의 마음을 한 줄로 써보세요.

쓰기 위한 쓰기 ⋯ 나만의 이야기를 세 문장으로 표현해 보세요.

제목 :

② 혼자만의 시간이 필요했던 날

 쓰기 위한 읽기

제목 : 혼자 있고 싶은 날

오늘은 왠지 혼자 있고 싶었다. 방에서 책을 읽고 음악을 들으니 마음이 좀
차분해졌다. 아무 말도 하지 않고 나만의 시간을 보내니 기분도 좋아졌다.
가끔은 이렇게 혼자만의 시간이 필요한 것 같다.

 쓰기 위한 생각

★ 따라 쓰는 한마디

"나를 위한 시간도 소중하다!"

★ 오늘의 기분 표시하기

☺ 편했다   ☹ 외로웠다   ☺ 어색했다   ☺ 즐거웠다   ☺ 행복했다

★ 오늘 그려보기

방에서 혼자 책 읽거나 음악 듣는 모습을 그려보세요!

제목 : 혼자 있고 싶은 날

오늘은 왠지 혼자 있고 싶었다. 방에서 책을 읽고 음악을 들으니 마음이 좀 차분해졌다. 아무 말도 하지 않고 나만의 시간을 보내니 기분도 좋아졌다. 가끔은 이렇게 혼자만의 시간이 필요한 것 같다.

일기 쓰기 팁!

혼자 있을 때 한 생각, 나만의 비밀 이야기를 한 줄로 써보세요.

쓰기 위한 쓰기 … 나만의 이야기를 세 문장으로 표현해 보세요.

제목 :

③ 부모님께 혼난 경험

 ## 쓰기 위한 읽기

제목 : 숙제를 안 해서 혼난 날

오늘 숙제를 안 해서 엄마한테 혼이 났다. 엄마는 왜 숙제를 안 했냐며 화를 냈다. 속상했다. 그런데 생각해 보니 내 잘못이라는 생각에 미안해졌다. 혼난 뒤에는 숙제를 열심히 하고 앞으로는 꼭 미리 하겠다고 결심했다.

 ## 쓰기 위한 생각

★ 따라 쓰는 한마디

혼나고 나서 반성하는 하루였다.

★ 오늘의 기분 표시하기

😟 속상했다   😐 부끄러웠다   😊 어색했다   😣 반성했다   😑 화났다

★ 오늘 그려보기

혼난 뒤 숙제하는 모습, 부모님과 대화하는 장면을 그려보세요!

제목 : 숙제를 안 해서 혼난 날

오늘 숙제를 안 해서 엄마한테 혼이 났다. 엄마는 왜 숙제를 안 했냐며 화를 냈다. 속상했다. 그런데 생각해 보니 내 잘못이라는 생각에 미안해졌다. 혼난 뒤에는 숙제를 열심히 하고 앞으로는 꼭 미리 하겠다고 결심했다.

일기 쓰기 팁!

혼난 뒤 느낀 점, 앞으로의 다짐을 한 줄로 써보세요.

쓰기 위한 쓰기 ··· 나만의 이야기를 세 문장으로 표현해 보세요.

제목 :

④ 누군가에게 용서받고 싶었던 일

 쓰기 위한 읽기

제목 : 체육 시간에 생긴 미안한 일

얼마 전, 체육 시간에 피구를 했다. 내가 던진 공이 상대 팀 친구를 맞췄다.
피구는 공으로 맞추는 게임이지만, 친구가 아파하는 모습을 보니 미안했다.
오늘 그 일이 생각나서 친구에게 "그날은 미안했어" 라고 말했다. 그랬더니
친구가 "괜찮아"라고 대답해 주었다. 사과를 하고 나니 마음이 편해졌다.

 쓰기 위한 생각

★ 따라 쓰는 한마디

사과를 하고 나니 마음이 편해졌다.

★ 오늘의 기분 표시하기

☺ 부끄러웠다   ☺ 반가웠다   ☺ 미안했다   ☺ 후련했다   ☺ 긴장했다

★ 오늘 그려보기

친구에게 사과하고 악수하는 모습을 그려 보세요.

제목 : 체육 시간에 생긴 미안한 일

얼마 전, 체육 시간에 피구를 했다. 내가 던진 공이 상대 팀 친구를 맞췄다. 피구는 공으로 맞추는 게임이지만, 친구가 아파하는 모습을 보니 미안했다. 오늘 그 일이 생각나서 친구에게 "그날은 미안했어"라고 말했다. 그랬더니 친구가 "괜찮아"라고 대답해 주었다. 사과를 하고 나니 마음이 편해졌다.

일기 쓰기 팁!

사과를 한 경험을 떠올리며 내 마음을 한 줄로 써 보세요.

쓰기 위한 쓰기 ··· 나만의 이야기를 세 문장으로 표현해 보세요.

제목 :

⑤ 갑자기 눈물이 났던 순간

 ## 쓰기 위한 읽기

제목 : 할머니 생각

오늘은 별일 없이 지내다가, 문득 돌아가신 할머니 생각이 나서 눈물이 났다. 마음이 울적했고, 할머니의 따뜻한 웃음이 떠올라 힘들었다. 그때 가족이 옆에 와서 등을 토닥여 주어 금세 괜찮아졌다. 마음이 울적할 때는 가족의 따뜻함이 큰 힘이 된다는 걸 느꼈다.

 ## 쓰기 위한 생각

★ 따라 쓰는 한마디

울고 나니 마음이 조금 편해졌다.

★ 오늘의 기분 표시하기

😞 울적했다　😖 시원했다　😌 어색했다　😊 고마웠다　😐 긴장했다

★ 오늘 그려보기

눈물 흘리는 모습, 가족이 위로해주는 장면을 그려보세요!

제목 : 할머니 생각

오늘은 별일 없이 지내다가, 문득 돌아가신 할머니 생각이 나서 눈물이 났다. 마음이 울적했고, 할머니의 따뜻한 웃음이 떠올라 힘들었다. 그때 가족이 옆에 와서 등을 토닥여 주어 금세 괜찮아졌다. 마음이 울적할 때는 가족의 따뜻함이 큰 힘이 된다는 걸 느꼈다.

일기 쓰기 팁!

누군가 보고 싶었을 때를 떠올리며 일기를 한 줄 더 써보세요.

쓰기 위한 쓰기 ··· 나만의 이야기를 세 문장으로 표현해 보세요.

제목 :

⑥ 나만 왕따라고 느꼈던 날

 쓰기 위한 읽기

제목 : 혼자라고 느꼈던 날

점심을 먹고 교실에 왔더니 친구들이 모여서 보드게임을 하고 있었다. 시간이 조금밖에 남지 않아 같이 하자고 말하기가 어려웠다. 혼자 자리에 앉아 있었는데, 왕따가 된 것 같은 기분이 들었다. 집에 와서 엄마한테 오늘 있었던 일을 말했더니, "그럴 때는 먼저 같이 하자고 말해보면 좋겠다."며 위로해 주셨다. 내일은 용기를 내서 친구들에게 먼저 말을 걸어봐야겠다.

 쓰기 위한 생각

★ 따라 쓰는 한마디

용기내서 친구들에게 먼저 말을 걸어봐야겠다.

★ 오늘의 기분 표시하기

😔 외로웠다   😣 쓸쓸했다   😊 어색했다   🙂 즐거웠다   😐 긴장했다

★ 오늘 그려보기

혼자 앉아 있는 모습, 엄마와 대화하는 장면을 그려보세요!

제목 : 혼자라고 느꼈던 날

점심을 먹고 교실에 왔더니 친구들이 모여서 보드게임을 하고 있었다. 시간이 조금밖에 남지 않아 같이 하자고 말하기가 어려웠다. 혼자 자리에 앉아 있었는데, 왕따가 된 것 같은 기분이 들었다. 집에 와서 엄마한테 오늘 있었던 일을 말했더니, "그럴 때는 먼저 같이 하자고 말해보면 좋겠다."며 위로해 주셨다. 내일은 용기를 내서 친구들에게 먼저 말을 걸어봐야겠다.

일기 쓰기 팁!
외로웠던 순간, 내일 하고 싶은 행동을 한 줄로 써보세요.

쓰기 위한 쓰기 ··· 나만의 이야기를 세 문장으로 표현해 보세요.

제목 :

⑦ 속상한 일을 해결한 경험

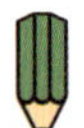 **쓰기 위한 읽기**

제목 : 축구하다가 다툰 날

쉬는 시간에 친구랑 축구를 하다가 골이 들어갔는지 안 들어갔는지로 다퉜
다. 나는 골이라고 했고, 친구는 아니라고 해서 서로 얼굴이 빨개졌다. 속상
해서 잠깐 말도 안 했다. 수업이 끝난 뒤 내가 먼저 "아까는 미안해"라고 말
했다. 친구도 "나도 미안"이라고 하며 화해를 했다. 친구와 다투어 마음이
불편했는데 빨리 풀려서 다행이다.

 **쓰기 위한 생각**

★ 따라 쓰는 한마디

"친구와 화해를 했다."

★ 오늘의 기분 표시하기

☹ 속상했다　☹ 후련했다　☺ 기뻤다　☺ 즐거웠다　☺ 긴장했다

★ 오늘 그려보기

친구와 대화하는 모습, 서로 웃는 장면을 그려보세요!

제목 : 축구하다가 다툰 날

쉬는 시간에 친구랑 축구를 하다가 골이 들어갔는지 안 들어갔는지로 다퉜다. 나는 골이라고 했고, 친구는 아니라고 해서 서로 얼굴이 빨개졌다. 속상해서 잠깐 말도 안 했다. 수업이 끝난 뒤 내가 먼저 "아까는 미안해"라고 말했다. 친구도 "나도 미안"이라고 하며 화해를 했다. 친구와 다투어 마음이 불편했는데 빨리 풀려서 다행이다.

일기 쓰기 팁!

속상했던 이유, 해결 후의 기분을 한 줄로 써보세요.

쓰기 위한 쓰기 ··· 나만의 이야기를 세 문장으로 표현해 보세요.

제목 :

⑧ 속상해서 위로가 필요한 날

 ## 쓰기 위한 읽기

제목 : 달리기에서 꼴찌한 날

체육 시간에 달리기를 했는데, 열심히 뛰었지만 꼴찌를 했다. 달리기를 잘
하기 위해서 일주일동안 아침에 열심히 달렸는데 속상했다. 속상한 마음을
엄마께 말하니 잘하려고 노력한 게 더 중요하다며 위로해 주셨다. 엄마와
이야기를 나누고 나니 마음이 한결 가벼워졌다.

 ## 쓰기 위한 생각

★ 따라 쓰는 한마디

"고민은 혼자보다 함께 나누자!"

★ 오늘의 기분 표시하기

😦 답답했다 😊 시원했다 😌 걱정됐다 😊 즐거웠다 😐 긴장했다

★ 오늘 그려보기

엄마와 상담하는 모습, 웃으며 이야기하는 장면을 그려보세요!

제목 : 달리기에서 꼴찌한 날

체육 시간에 달리기를 했는데, 열심히 뛰었지만 꼴찌를 했다. 달리기를 잘 하기 위해서 일주일동안 아침에 열심히 달렸는데 속상했다. 속상한 마음을 엄마께 말하니 잘하려고 노력한 게 더 중요하다며 위로해 주셨다. 엄마와 이야기를 나누고 나니 마음이 한결 가벼워졌다.

일기 쓰기 팁!

속상한 마음을 털어 놓은 후 바뀐 생각, 감사한 마음을 한 줄로 써보세요.

쓰기 위한 쓰기 ⋯ 나만의 이야기를 세 문장으로 표현해 보세요.

제목 :

⑨ 내가 누군가를 질투했던 일

 ## 쓰기 위한 읽기

제목 : 수학 시간

수학 시간에 친구가 어려운 문제를 금방 풀었다. 선생님이 정말 잘했다며
칭찬을 하셨다. 그 모습을 보고 질투가 났다. 하지만 곰곰이 생각해 보니,
나도 열심히 공부하면 잘할 수 있을 것 같았다. 그래서 집에 와서 수학 문제
를 더 풀어보았다. 쉽게 풀리지는 않았다. 하지만 질투하는 것보다 내 실력
을 키우는 게 더 중요하다는 걸 알게 되었다.

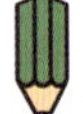 ## 쓰기 위한 생각

★ 따라 쓰는 한마디

나도 열심히 공부하면 잘할 수 있다.

★ 오늘의 기분 표시하기

☹ 부끄러웠다   ☺ 반가웠다   ☹ 어색했다   ☺ 즐거웠다   ☺ 긴장했다

★ 오늘 그려보기

수학 문제를 푸는 모습을 그려보세요.

제목 : 수학 시간

수학 시간에 친구가 어려운 문제를 금방 풀었다. 선생님이 정말 잘했다며 칭찬을 하셨다. 그 모습을 보고 질투가 났다. 하지만 곰곰이 생각해 보니, 나도 열심히 공부하면 잘할 수 있을 것 같았다. 그래서 집에 와서 수학 문제를 더 풀어보았다. 쉽게 풀리지는 않았다. 하지만 질투하는 것보다 내 실력을 키우는 게 더 중요하다는 걸 알게 되었다.

일기 쓰기 팁!

나만의 장점을 한 줄로 써보세요.

쓰기 위한 쓰기 … 나만의 이야기를 세 문장으로 표현해 보세요.

제목 :

⑩ 오해가 풀려서 기뻤던 날

 ## 쓰기 위한 읽기

제목 : 친구를 오해한 날

쉬는 시간에 공책을 쓰려고 가방을 보니 공책이 없었다. 나는 짝이 장난으로 숨겼다고 생각해서 "왜 내 공책 가져갔어?" 하고 물었다. 그런데 수업이 끝나고 다시 가방을 보니, 공책이 가방 속에 있었다. 친구를 오해해서 미안한 마음이 들었다. 그래서 미안하다고 말하며 친구와 오해를 풀었다. 친구가 웃으면서 말해주어 다행이라고 생각했다.

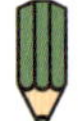 ## 쓰기 위한 생각

★ 따라 쓰는 한마디

오해를 풀고 나니 기분이 좋아졌다.

★ 오늘의 기분 표시하기

😊 기뻤다　😌 후련했다　😊 미안했다　😊 즐거웠다　😐 긴장했다

★ 오늘 그려보기

서로 대화하는 모습, 함께 웃는 장면을 그려보세요!

제목 : 친구를 오해한 날

쉬는 시간에 공책을 쓰려고 가방을 보니 공책이 없었다. 나는 짝이 장난으로 숨겼다고 생각해서 "왜 내 공책 가져갔어?" 하고 물었다. 그런데 수업이 끝나고 다시 가방을 보니, 공책이 가방 속에 있었다. 친구를 오해해서 미안한 마음이 들었다.그래서 미안하다고 말하며 친구와 오해를 풀었다. 친구가 웃으면서 말해주어 다행이라고 생각했다.

일기 쓰기 팁!
오해를 풀게 된 계기, 앞으로 친구와 잘 지내기 위한 다짐을 써보세요.

쓰기 위한 쓰기 ··· 나만의 이야기를 세 문장으로 표현해 보세요.

제목 :

감정 솔직하게 쓰기

 1단계: 감정 고르기

내 마음을 가장 잘 표현하는 말을 먼저 고릅니다.

예) 기뻤다, 속상했다, 신났다, 무서웠다

2단계: 이유 쓰기 

그 감정을 느낀 이유를 구체적으로 씁니다.

예) 기뻤다. 오늘 학교에서 그림 그리기 대회에서 상을 받았기 때문이다.

 3단계: 생각·느낀 점 덧붙이기

그 상황에서 무엇을 깨달았는지, 앞으로 어떻게 하고 싶은지를 씁니다.

예) 열심히 노력하면 좋은 결과가 나온다는 걸 알게 되었다.

4단계: 장면 살리기

대화, 소리, 표정, 행동 등을 넣어주면 글이 더 생생해집니다.
예) 선생님이 "축하해!" 하며 웃으셨다. 내 얼굴도 활짝 웃음꽃이 피었다.

감정을 나타내는 말 20개

기쁜 마음	슬픈 마음	화난 마음	놀람과 긴장
기쁘다	슬프다	화나다	깜짝 놀라다
즐겁다	서운하다	짜증나다	당황하다
행복하다	외롭다	억울하다	무섭다
뿌듯하다	아쉽다	답답하다	긴장되다
신나다	울적하다	속상하다	조마조마하다

하루 한 장으로 시작하는
초등 첫 일기
필사
1